2. Auflage 2021
© Böhm & Böhm | Leipzig

Text: Andrea Böhm
Illustrationen: Lee D. Böhm
Gestaltung: Lee D. Böhm, Andrea Böhm
Druck: Pöge Druck, Leipzig
Bindung: Bindwerk Dresden

Dank an: Inge & Manfred Böhm, Emilia Zoe Löbe

Printed in Germany
ISBN 978-3-947511-04-4

Von Böhm & Böhm sind außerdem erschienen:
Der kleine Spatz und das Ungeheuer (2015)
Der schlaue Pelikan und der Zauberfisch (2016)
Das Huhn Angelika (2017)
Das kleine Wildschwein und der traumhafte Flug (2019)
Die Rabenweihnacht (2021)

www.boehm-und-boehm.de

Die tollpatschige Ente und der Sternenhimmel

Eine Geschichte von Andrea Böhm
mit Bildern von Lee D. Böhm

Auf einem Bauernhof in der Nacht
hielt eine kleine Ente oft einsam Wacht.
Denn sie beobachtete für ihr Leben gerne

den dunklen Himmel
und die hellen Sterne.

Stundenlang ließ sie ihren Blick schweifen.
Die anderen Tiere konnten das nicht begreifen.

Sie verlachten die Ente andauernd dafür.

Doch kaum war es dunkel, saß sie vor der Tür.
Am Tag schlief sie nicht selten im Stehen.
War sie wach, unterliefen ihr manche Versehen.
Darum plagten die Ente oft große Sorgen,
so wie an diesem Frühlingsmorgen.

Auf der Suche nach einem Leckerbissen
hatte sie gerade einen Topf umgerissen,
mit dem Frühstück, frisch aufgetischt.

Nun war die Grütze mit Erde vermischt.

Die Enten eilten wütend herbei

**und erhoben sogleich
ein großes Geschrei.**

Zum Glück war der Bauer in Sichtweite.
Schnell nahm er Grütze und Topf beiseite.
Danach brachte er neues Futter:
Kartoffelstampf mit einem Klecks Butter.

Am Mittag geschah wieder ein Missgeschick:

Die Ente stolperte über den Strick,
der vor dem Rosenbeet gespannt war.
Nun lachte die ganze Entenschar.

Für sie war es ein schönes Schauspiel,
dass die Ente in den Rosenstrauch fiel.
Dann ließen sie sich das Mittagessen schmecken.
Die Ente aber wollte sich nur noch verstecken.

Traurig verkroch sie sich in einer Ecke,
direkt unter der hohen Gartenhecke.
Erst abends wagte sie sich an den Teich.

Doch kaum im Wasser, geschah es sogleich.

Sie blieb an einer dicken Schlingpflanze hängen
und musste sich mühsam ins Freie zwängen.
Leider hatten es nicht nur die Enten gesehen.
Auch die Hühner begackerten das Geschehen.

Obwohl sich die Ente gar fürchterlich schämte
und über das Gespött der anderen grämte,
saß sie des Nachts wieder unterm Sternenzelt
und bewunderte die prächtige Himmelswelt.
Plötzlich drang ein Rascheln an ihr Ohr.
Unter den Tannen lugte ein Schatten hervor.

Was die kleine Ente nicht ahnte:

Es war der Fuchs,
der einen Angriff plante!

Die anderen merkten nichts vom Überfall.
Tief und fest schliefen sie im Stall.

Doch nun hatte die Ente den Fuchs entdeckt.
Sie sprang voller Hast, jäh aufgeschreckt,
flink auf das nächste Fensterbrett.
Dort lag bereits ein großes Tablett.

Bevor sie sah, was sich darauf befand,
stieß sie an einen Gegenstand.
Rums, knallte der auf des Fuchses Kopf.

Es war die Grütze
mit dem Topf!

Am Morgen zuvor wollte sie niemand mehr essen.
Danach hatte der Bauer sie draußen vergessen.

Mit großer Beule und verklebtem Gesicht

verschwand der schlimme Bösewicht

laut winselnd unter den Tannen
und schlich sich gleich darauf von dannen.

In der Ferne hörte man seine wütenden Schreie.
Unterdessen strömten die Enten ins Freie.
Auch die Hühner waren jetzt wach

und schauten nach
der Ursache für den Krach.

Als sie hörten, was geschehen war,
wer sie gerettet hatte aus der großen Gefahr,
feierten alle bis zum Morgengrauen.

Ein paar wollten sogar
in die Sterne schauen.

Die Ente zeigte ihnen den Großen Wagen,
Venus, Andromeda und die Plejaden,
Spica, Arktur, Regulus,
mit dem Jupiter war noch lange nicht Schluss.
Niemand verspottete sie mehr dafür

und nachts saß sie auch nicht mehr allein vor der Tür.